Слике и цртежи
Ана Петровић

Жика Николић

ШАРЕНА ТИШИНА

Песме над Јасиковицом

Четврто, допуњено издање

ПРОСВЕТА

САЗНАЊА

испод моје куће
игра
један поток

јутро ми свако
очима
пијану игру сунца
донесе

два јаблана
до изнемоглости
свирају исту игру

године пролазе
а ту увек
игра пролеће

нисам се ни ја променио
лежим
у истој постељи

ПАМЋЕЊЕ БОЛА

у темеље ветра
узидао сам
снове

шапама су алге
гребале по зиду

памтим само
бол
сломљенихноката

ДОК ЧЕКАСМО СВИТАЊЕ

ходали смо
        кроз узреле
                трнове
                        шуме
на палчевима
напредовали смо
веома
      веома брзо
убод
   по
     убод
зар је важно
што су нам
остали прсти
вриштали
       у крви
са петама шта је било
не треба да знамо

СЛУТЊА

сањао сам јутро
пијано у диму
а магле су цветале
у оку ми
под нагорелом већом

и сада
(са једним оком)
слутим коло ватре и росе
на замагљеној завеси
паљевином што мирише

ПИТАЊЕ

огреших се једном
о сопствено име

рекох у шали незнанцу
свој сан о сну

говорио човек човеку
о човеку

колико вреди
наше (не)знање

И ОПЕТ ДАН

у модрој коси
бело погоре
зове ме сан
окачен
о чађаве стубе
одвратне
висим
чека ме фрула
падам
и опет дан

УСПОМЕНА I

у оку твом
белутак
и пламен

па ветар онда
суза
и цвет

кад сазре
кише наше
зваћу те
сећању
у спомен

УСПОМЕНА II

сањао сам
цвет
црвен
и бео
у твојим рукама

протрчали су коњи
црвена копита
и бели облаци
у памћењу

КОЛОМ У КОЛО

крзка реско
пуцкетање жеравица
на прстима жеља

мирис паљевине
трепери шарено

коло видим

У КРУГУ ТРИЈУ УЛИЦА

синоћ
пред сутон
небом се
винуо сјај
а онда све
се угасило
а набујала тама
још већа
заборавих своје очи
негде на северу
у кругу
тријy улица
тражио сам их
до јутра
врховима
отетих прстију
не знам
да ли је зора
дошла
у мојој свести
брујао је
бол

ЖУТО

ветар љуби чела
жутих цветова

жуто ми
прскају зенице

и сам сам жут

ИЗАЗОВ

да пољубим
црвену сузу
у бори храста

поломио бих
зубе
крвавим рукама

САН

на прстима
милели су мрави

у устима
грудва мокре земље

уместо очију
два црвена цвета

чуо сам пролазнике

НАДАЊЕ

очи твоје
жудња су
у очима мојим

упалићу луч
да гледам сунце
у зеницама твојим

точићу зраке
журно
кап по кап

накапаћу у дрхтању
њиховом
читаво надање

ЗАБОРАВ

сиђосмо с брда

зашто не понесмо
мало ветра у коси
и сиве боје камењара
у очима

сиђосмо с брда

издаде нас небо
више није тако модро
остадосмо несхватљиво мали
да л нас и очи оставише

САН У БОЈИ

видех муњу
разграналу
на рубу лобање

сетих сањаног
мириса
спаљене косе
на челу
моје мајке

ИГРА БОЈА И СРЦА

чађаве ми очи
са сунцем се љубе

у јутру поскочим

чађаве ми очи
црвено процветаше

ВАТРЕ

сав црвен
у пламену горим

на небу
нови дан зори

усне су моје
ватра од крви

горе неизречене
црвене руже које волим

БОЈА МИСЛИ

нећу у студеном јутру
убити птице
највеће наде

нећу
прстима својим
заклонити сунце

СЛИКА СУЗЕ

хитнем сузу
за птицом

трепери њено крило
на сунцу јутарњем

суза се мени
поново враћа

ЈЕФИМИЈИ

са крстом
пламен свећа
се њише

очи ми чедно
гину
у сјају и тами

пред олтаром посрну
задња кап
изнемогле сени

за небом
руком се
пружи

анђела крик
се просу
и тама

ПРИВИЂЕЊЕ

зебем и чекам
суза
    и кап
кандило се клати
кап
  по
    кап
икона се крену
у фреску
урезао сам своје очи
грмљавина несхватљива
у мозгу
а свуда тишина
очи анђела
капљу
у сребрној корпи
са куполе
спушта се
бело јагње
у загрљају богородице
зебем и чекам

ЉУБАВ

усред чела
извор ми зажубори
и тужно
шеварје се вину

како да те нађем
да пливам
не могу
а вода расте

баци ми врч
нек ти лакат бљесне
слепом немоћи
да ти се вратим

ЖАЛОПОЈКА

нека се ватра
пепелом круни
ми остајемо
на голом
камену
јаук се
вину
до неба
за погачу смо
мали
а кошуља танка
нека се ватра
пепелом
круни
у цвету
цвет
проплака
и копље
хитну себе
несмирају у походе

ВЕТАР

ветар је носио
песму
а она се
губила
у њему

ГРЕХ НАВЕК

руком
руку
придржава

у оку
јабуком
процвета дан

трипут се
земља
подаде небу

и рука
крчагом
осмисли себе

а око
плавим
сећањем

ПУКОТИНЕ ТАМЕ

над њивама
вечерас су
гавранови
ломили крила
крицима

поцрнели од мрака
никада се
више
не можемо
опрати

КАД ПСИ ЗАДРЕМАЈУ

силазио је по ноћи
онда
кад петлови замру
мртвиком
после песме
минут до дванаест

нисмо знали
шта је тада чинио
док душа нам ковала невино
једно златно небо
и гроздове јесење
слађе но вино
кад сузи у грлу
запенушано тугом
остављеног јутра

причало се после
кад ветар поплави
да вило се коло
шарено у диму

ЗАНЕМЕЛИ

пропиње се вранац
на обронцима ветра

загледани
у стрмину његову
губимо глас

њиштање коња
закачено видом
руке се
безгласно гранају

НА ПУТЕВИМА

у бездану простора
црвене пеге
и моје очи
у пламену

чекање у ноћи
без ветра и суза
без мржње и бола

зора се грчи
на магловитим
обронцима даљина
и пламени вранац
кликће кроз време

ИГРА КРВИ И СУНЦА

на преполу
врела моје крви
закрилила птица
зеницама
у капљама
и остала
скамењеног гласа
да расцветале усне
ветар спира

ПРЕДОСЕЋАЊЕ

бол

суза се
у крв точи

од ужаса
занеме очи

КРУГОМ У КРУГ

корак
по корак
све ближи смо
болу

главе нам
ветрови вију
па очи
у круг се точе

ЦВЕТ ПО ЦВЕТ У БУКЕТ

у свести
песма
и цвет

па сном увијена
заспала
птица

низ грло
у песму
поскочи

да забели
јутро
у букет

ЦВЕТАЊЕ

изгоре пупољак
у цвет

па пуче поље
игром трава

над главом
у глави звек

у кукурику петао се пропе
и ноћ заора

озебло око
сузи у цвет

СКИЦА ЗА СПОМЕНИК

полете црвено
цвет

запева у коси
неумољиво

кроз зенице
заруде модро

споменик
и песма

ПОСЛЕ ПРОШЛОГ

ноћ
у сузи корак
и грех

мирис таме
поноћ у мени
и век

за фијуком косе
на месечини
пада смех

у изненадни крик
са огњишта
посрну ми зеница
и опет век

ПЕЈСАЖ ВЕЧЕРИ

мреже од сна
уткаше у небо своје пеге

низракље руку
клизи сенка ветра

без речи кличу
жуте мрље неба

ПЕЈСАЖ У НОЋИ

између два бљеска
помрчине жуборе
жуборе

између два бљеска
у тамно ми очи роне
роне

између два бљеска
за невиђеним срца звоне
звоне

ПЛАВО

о јутро окачена
сија ми плава коса

плава песма птице
трепери над њом

мирис плавог неба
ковитла се у средини

ГНЕЗДА МИСЛИ

на длану
пламени коњи
у галопу

сломљено ребро
и сунце
у срцу

мисао
у сузи
болује

РАСПЕЋЕ

у очима зоре
лелујали се пламенови
са плавим ореолима

нада је
њина
цветала црвено

у болном пуцкању
пламена
умро је дан

БОЈА СЕЋАЊА

засутони у сећању

на извору
извором застуди

небом крочи

у месец се преточи
у капље пој

посрну оком

трептај у сан
ветром

ЕПИТАФ I

не осећам
не боли
и не могу
да преболим

ЕПИТАФ II

загледан у оно
што пролази
пролазим
поред себе
замишљен

НОЋАС МЕ ПОХОДИЛЕ ПТИЦЕ

неке се чудне птице
уморно спустиле у мој сан
па поплашене биљке
побегоше некуд без корења

пада ми суза на длан
зажмурим
да не бих пренеражен
дочекао сутрашњи дан

ОПОМЕНА

пало јутро обалом
низ голе прсте у врисцку
силазе три гаврана црна
у трокругу реже бол

три туге и три слутње
у сну папратовим њихом
загрљене
силазе три гаврана црна
пало јутро обалом

КОБ

држали смо чаше
у руци
поља су цветала
у нашим очима

кад си ми ближе пришла
просуло се сунце у твојој чаши
и остао сам
слеп

покупи комаде што горе
крај мојих ногу
пружи ми руку
и смех

РИТУАЛ

за сазнањем низ
згаришта мокра и врела
пепео се диже и паде
за њим пола нашег села

узалуд жена црна
насред њиве у ноћи
од стрњика ватру узгаја
да се врати неће моћи

њено небо суза и цвет
само сенка једна дише
тихо и сломљено ветар се роди
ал ништа да се зањише

СРБИЈО

Србијо
шљиво плава
сочна и обла

Србијо
бундево војвођанска
шумо шумадијска
жетво косовска

Србијо
лепото зенице моје
срце у срцу

ЗОРАНА

заглушујућа градска бука
звон трамваја на станици
а онда ти

и тишина
твоје кораке
откуцајима срца бројим

питаш ме
не чујем
срце ме откуцава

и видим
у том чаробном оку
срце моје куца

занемео
немам речи
нека срце прича

ХОЋУ БАШ ТАМО

немој ме
из сањарије

хоћу баш тамо
баш тамо хоћу

не питај ме
не гледај ме

из сањарије
немој ме

ГРАД

зађох изненада
у шуму солитера
сањаног града

да гледам у небо
у последњи прозор
у снове да завирим

загледан у висине
прошао сам крај тебе
где да те нађем

лутам и тражим
твој прозор твој балкон
а врат ме боли

седох у парк
призивам те срцем
залутах у сањаном граду

ЧЕЖЊА

тражим завичај
лутам
трчим
станем
запевам

тражим завичај
упорно
у оку тражим смисао

тражим завичај
између солитера засадих шљиву
не расте

тражим завичај
у одсјају реке
у трептају звезде

тражим завичај
у сокаку на периферији
у погледу са Авале

КАД СЕ ВРАТИМ

кад се вратим
у воде
родне
пашћу сам
сузу у оку
да пољубим
да се вратим

кад се вратим
у родне
воде
у крст
манастиру
на срцу
да се вратим

кад се вратим
у родне
воде
мајко
без јецаја
пружи ми руке
да се вратим

РЕЧИ О АУТОРУ

Жика Николић располаже могућношћу да са мало речи много каже. Зато су његове поетске мисли саткане кроз мале форме... Ово је драгоцена особина са којом се срећемо код ретких мајстора поетске речи...

Слободан Станишић

Жика Николић је одавно добро познат лик са малог екрана. Врстан новинар који уме да искористи све предности медија, плени непосредношћу, ведрином и зналачким одабиром тема. У његовим емисијама живот је осликан у оним обичним, свакодневним, малим стварима, па је, ваљда, због тога и стекао популарност. Као човек из народа, како за себе има обичај да каже, проблеме и радости онима којима припада преноси и на ТВ екран са професионалном озбиљношћу, али и дозом лежерности и непретенциозности. Али, мало ко зна да је Жика Николић и песник. И то врстан песник. Уверите се сами.

Лидија Обрадовић

БЕЛЕШКА О АУТОРУ

Жика Николић је рођен 1. марта 1950. у селу Јасиковица, општина Трстеник, Србија.

Основну школу завршио је у родном селу. Гимназију похађао у Врњачкој Бањи. Дипломирао руски језик на Филолошком факултету у Београду.

Радио као професор руског језика у Медицинској школи у Краљеву.

Новинарски професионални живот започео у „Врњачким новинама", да би потом прешао у Радио Врњачку Бању. Године 1979. одлази на Други програм Радио Београда, где остаје пет година. Године 1986. прелази у Телевизију Београд, где ради и данас.

Уређује и води најпопуларнију српску телевизијску емисију *Жикина шареница*.

САДРЖАЈ

САЗНАЊА / 7
ПАМЋЕЊЕ БОЛА / 8
ДОК ЧЕКАСМО СВИТАЊЕ / 9
СЛУТЊА / 11
ПИТАЊЕ / 12
И ОПЕТ ДАН / 13
УСПОМЕНА I / 14
УСПОМЕНА II / 15
КОЛОМ У КОЛО / 16
У КРУГУ ТРИЈУ УЛИЦА / 17
ЖУТО / 18
ИЗАЗОВ / 19
САН / 21
НАДАЊЕ / 22
ЗАБОРАВ / 23
САН У БОЈИ / 24
ИГРА БОЈА И СРЦА / 25
ВАТРЕ / 26
БОЈА МИСЛИ / 27
СЛИКА СУЗЕ / 28
ЈЕФИМИЈИ / 29
ПРИВИЂЕЊЕ / 30

ЉУБАВ / 31
ЖАЛОПОЈКА / 32
ВЕТАР / 34
ГРЕХ НАВЕК / 35
ПУКОТИНЕ ТАМЕ / 36
КАД ПСИ ЗАДРЕМАЈУ / 37
ЗАНЕМЕЛИ / 38
НА ПУТЕВИМА / 40
ИГРА КРВИ И СУНЦА / 41
ПРЕДОСЕЋАЊЕ / 42
КРУГОМ У КРУГ / 44
ЦВЕТ ПО ЦВЕТ У БУКЕТ / 45
ЦВЕТАЊЕ / 46
СКИЦА ЗА СПОМЕНИК / 48
ПОСЛЕ ПРОШЛОГ / 49
ПЕЈСАЖ ВЕЧЕРИ / 50
ПЕЈСАЖ У НОЋИ / 51
ПЛАВО / 52
ГНЕЗДА МИСЛИ / 53
РАСПЕЋЕ / 54
БОЈА СЕЋАЊА / 55
ЕПИТАФ I / 56
ЕПИТАФ II / 57
НОЋАС МЕ ПОХОДИЛЕ ПТИЦЕ / 58
ОПОМЕНА / 59
КОБ / 61
РИТУАЛ / 62
СРБИЈО / 63
ЗОРАНА / 64

ХОЋУ БАШ ТАМО / 65
ГРАД / 67
ЧЕЖЊА / 68
КАД СЕ ВРАТИМ / 69

Речи о аутору / 71
Белешка о аутору / 73

Жика Николић
ШАРЕНА ТИШИНА
Песме над Јасиковицом

Уредник
Јован Јањић

Графички уредник
Драгана Ристовић

Издавач
ИП „Просвета" а. д. Београд
у реструктурирању
Београд, Кнеза Михаила 12

За издавача
Јован Јањић, директор

Штампа
Сајнос – Нови Сад

Тираж
1000

2013.

ISBN 978-86-07-02042-3

Штампање ове књиге омогућили

CIP – Каталогизација у публикацији
Народна библиотека Србије, Београд

821.163.41-1

НИКОЛИЋ, Жика, 1950-

    Шарена тишина : песме над Јасиковицом / Жика Николић ; [слике и цртежи Ана Петровић] . – 4. , допуњено изд. – Београд : Просвета, 2013 (Нови Сад : Сајнос). – 77 стр. : илустр. ; 20 cm.

Тираж 1000. – Стр. 71 : Речи о аутору / Слободан Станишић, Лидија Обрадовић. – Белешка о аутору: стр. 73.

ISBN 978-86-07-02042-3

COBISS.SR-ID 201707532

www.ingramcontent.com/pod-product-compliance
Lightning Source LLC
Chambersburg PA
CBHW071739040426
42446CB00012B/2394